AF194866

Sex ab 30

Jetzt erfährst du,
was dich wirklich erwartet!

Bibliografische Information der Deutschen Nationalbibliothek: Die Deutsche Nationalbibliothek verzeichnet diese Publikation in der Deutschen Nationalbibliografie; detaillierte bibliografische Daten sind im Internet über dnb.dnb.de abrufbar.

© 2021 Schubadinski
Herstellung und Verlag:
BoD – Books on Demand, Norderstedt

ISBN: 9-783754-356234

Ja stimmt, es ist leer,
aber nimm's nicht so schwer.

Mach 'ne Notiz, ein Rezept oder so,
zur Not geht's auch nackt auf dem Klo!

Ist doch egal, es geht sogar breit,
schreib's voll - für die Nachhaltigkeit!

Ebenfalls erhältlich:

Sex ab 40...
...zum 40. Geburtstag

Sex ab 50...
...zum 50. Geburtstag

Sex ab 60...
...zum 60. Geburtstag